육길나 선생님은 배재대학교에서 박사 학위를 받고 대학에서 학생들을 가르치며, 어린이집의 원장으로 있어요.
지은 책으로는 《신발박물관》《글자가 사라진다면》 등이 있어요.

윤아해 선생님은 성균관대학교 아동문학 박사 과정에서 공부하고, 대학에서 아동문학을 가르치고 있어요.
지은 책으로는 《꽃신》《다윗이 양들을 돌봐요》《숫자야 어디 있니?》 등이 있어요.

이진경 선생님은 어린이책 출판사에서 오랫동안 일했고, 지금은 그림책을 쓰고 만드는 일을 하고 있어요.
지은 책으로는 《토토 할머니의 신기한 모자》《만약에 만약에》《심심한 코끼리》 등이 있어요.

장수금 선생님은 대학에서 그림을 공부하고, 지금은 그림책을 쓰고 그리는 일을 하고 있어요.
그린 책으로는 《역사가 담긴 12가지 우리 악기 이야기》《우리 겨레의 위대한 상상력》 등이 있어요.

최경 선생님은 성균관대학교에서 박사 학위를 받았고, 대학에서 아동문학을 가르치고 있어요.
지은 책으로는 《빈집 탐험대》《누가 벽에 낙서한 거야?》 등이 있어요.

김진희 선생님은 이화여자대학교 조형예술대학에서 시각디자인을 전공하고, 한국일러스트레이션학교에서 일러스트레이션을 공부했어요.
지금은 좋은 그림책 만드는 것을 목표로 어린이책에 그림을 그리고 있어요.

귀신 이야기로 만나는 세계 문화
세상에서 가장 무서운 건 누구?

ⓒ 2011 육길나·윤아해·이진경·장수금·최경, 김진희

글쓴이 육길나 윤아해 이진경 장수금 최경　**그린이** 김진희
펴낸이 곽미순　**책임편집** 이은희　**디자인** 강이경

펴낸곳 한울림어린이　**기획** 이미혜　**편집** 윤도경 윤소라　**디자인** 김민서 김윤희　**마케팅** 공태훈　**제작·관리** 김영석
등록 2004년 4월 12일(제318-2004-000032호)　**주소** 서울시 영등포구 당산로54길 11 래미안당산1차아파트 상가 3층
대표전화 02-2635-1400　**팩스** 02-2635-1415　**홈페이지** www.inbumo.com
블로그 blog.naver.com/hanulimkids　**페이스북 책놀이터** www.facebook.com/hanulim

첫판 1쇄 펴낸날 2011년 7월 25일　3쇄 펴낸날 2017년 5월 10일
ISBN 978-89-91871-79-3　77380

이 도서의 국립중앙도서관 출판예정도서목록(CIP)은 서지정보유통지원시스템 홈페이지(http://seoji.nl.go.kr)와
국가자료공동목록시스템(http://www.nl.go.kr/kolisnet)에서 이용하실 수 있습니다.(CIP제어번호: CIP2011002776)

* 잘못된 책은 바꿔 드립니다.

어린이제품안전특별법에 의한 제품 표시　제조국 대한민국　사용연령 3세 이상

귀신 이야기로 만나는 세계 문화

세상에서 가장 무서운 건 누구?

육길나·윤아해·이진경·장수금·최경 글 | 김진희 그림

한울림어린이

차례

세상에서 가장 무서운 건 누구?

드라큘라 · 10

늑대인간 · 14

구미호 · 18

미라 · 22

좀비 · 26

강시 · 30

벽장괴물 · 34

갓파 · 38

물귀신 · 42

텐구 · 46

바바야가 · 50

야광귀 · 54

잣하크 · 58

바실리스크 · 62

한밤중 그곳에서 무서운 녀석들이 잘난 척을 시작했지.

드라큘라

흐흐흐. 나는 세상에서
가장 무서운 드라큘라!
하얗고 부드러운 목을 조심하라고.
나의 뾰족하고 날카로운 송곳니로
목덜미를 콱 물지도 모르니까.
으~음. 맛있는 피,
생각만 해도 정말 즐거워.
으하하하.
사람들은 나한테 물릴까 봐
밤마다 불안에 떨었지.
나에게 물린 자는
모두 드라큘라가 되거든.

그날도 내가 그 녀석의 목을 콱 물려고 할 때였어.
그런데 갑자기 그 녀석이 외치는 거야!
"잠깐만요!"
그러고는 예쁜 꽃목걸이를 내 목에 걸어 주는 거야.
순간 고약한 마늘 냄새가 코를 확 찌르더라고.
내가 기절했나 봐.
그다음부터는 아무 기억이 안 나.
그런데 도대체 여기가 어디야?

한국에 사는 철민이에게

애송이 철민아, 안녕?

내가 어떻게 태어났는지 궁금하다고 했지?

나는 영국의 작가 브람 스토커가 1897년에 지은 소설 《흡혈귀 드라큘라》에서 처음 나왔어. 흡혈귀 전설에서 아이디어를 얻어 나를 만들어 냈다나 어쩐다나.

책을 읽어 보면 알겠지만, 나는 뼈대 있는 가문의 자손이야.

드라큘라 백작이라고, 백작!

간혹 어리석은 인간들이 나를 15세기 루마니아에 살던 '블라드 체페슈' 왕자와 닮았다며 그자를 '드라큘라'라 부르고, 그자의 '브란 성'을 '드라큘라 성'이라고 부른다지?

쳇, 그깟 사람을 이 위대하신 드라큘라님과 비교하다니……

내가 가만두지 않을 테다.

으흐흐흐흐!

— 뼈대 있는 가문의 드라큘라가 —

To. 철민
Korea
AIR MAIL

프랑스에 사는 미셸에게

bonjour, Michell! (안녕, 미셸!)

이 드라큘라님이 잘하는 게 뭐냐고?

너는 그림자를 감출 수 있니? 절대 못하지?

이 세상에 그림자를 감출 수 있는 사람은 없어. 음하하!

하지만 이 드라큘라님이라면 문제없지.

어디 그뿐인 줄 알아? 나는 거울에도 모습이 비치지 않는다니까.

또 어른들도 무서워서 벌벌 떤다는 그 무시무시한 공동묘지 관 속에서도 편안히 낮잠을 즐기고, 밤에는 박쥐로 변해서 나들이를 하지.

(늑대, 쥐, 고양이, 개구리로도 변신할 수 있지롱.)

이따금 도마뱀처럼 성벽을 타고 내려가기도 하고.

난 정말 못하는 게 없단 말이야. 크크크크!

— 못하는 게 없는 드라큘라님이 —

To. 미셸
France
AIR MAIL

늑대인간

쩨쩨하게 피나 빨아먹고,
그깟 마늘에 약해지다니, 쯧쯧…….
무서운 걸로 치자면
나를 따라올 수 없을걸?
으스스한 보름달이 뜨는 밤,
나는 갓 죽은 고양이 기름과
벨라도나 독초에 숯검댕이,
파슬리 가루, 미루나무 잎,
박쥐 피를 내 몸에 스윽스윽 바르고,
서서히 무시무시한 늑대로 변하지.
으하하하!
그런 다음 누구든 처음 내 눈에 띄면
홀라당 잡아먹어 버리는 거야.

현상수배

늑대인간

국적 유럽 전역

인상착의 움푹 들어간 눈, 마른 혓바닥, 맞붙은 속눈썹, 털이 많은 손, 날카로운 검은 손톱. 보름달이 뜬 밤에는 진짜 늑대와 구별하기 어려움.

진짜 늑대와 늑대인간 구별법
죽기 전에는 알 수 없음. 죽고 난 뒤 늑대 모습이면 진짜 늑대이고, 사람으로 변하면 늑대인간임.

주요활동무대 유럽 꼭대기 스칸디나비아반도에서부터 맨 아래 프랑스 남부까지 쏘다니지 않는 곳이 없음.

죄명 늑대로 변해서 사람을 뜯어먹은 죄.

현상금 20만 유로(€)

사람들은 내가 무서워서 보름달이 뜨는 밤이면
밖에 나오지도 않는다니까. 으흐흐!
그런데 말이야. 그날도 늑대가 되어
미친 듯이 돌아다니다가 왔는데
내가 벗어 둔 사람 껍데기가 보이지 않는 거야.
이럴 수가! 그걸 못 찾는 바람에
나는 영원히 늑대가 되어 버렸어.
아 우 우 우 우—

심층 분석

늑대인간,
그는 누구인가?

사람이 동물로 바뀐다는 전설은 세계 여러 나라에서 많이 전해 내려오고 있다.
그러나 늑대인간만큼 그 역사가 오래되고 인기가 많은 변신왕은 또 없을 것이다.
그 출발은 그리스 신화가 아닐까?
잔인하고 잘난 척하기 좋아하는 리카온 왕은
신들의 왕 제우스 앞에서도 힘이 센 척하고 싶었다.
그래서 제우스를 저녁 식사에 초대해 어린아이의 팔다리를 내놓는다.
이것을 안 제우스는 화가 나서 리카온과 그 자식들까지 모두 늑대로 만들어 버린다.

역사가 오래된 만큼 늑대인간을 보았다는 사람도 넘쳐 난다.
의심 많은 어린이들을 위해 늑대인간의 역사적 기록을 살펴보자.
16세기 독일에 살았던 페터 슈투베는 늑대 허리띠를 차기만 하면
늑대로 변해 사람을 잡아먹었다고 한다.
1574년에는 프랑스와 스위스 사이에 있는 쥐라 산맥 지역에서 가르니에라는
늑대인간이 어린아이들을 잡아먹다가 화형을 당했다고 한다. 믿거나 말거나.

늑대인간의 인기는 오늘날에 와서도 식을 줄 모른다.
끊임없이 나오는 늑대인간 영화를 비롯해서
어린이들에게 가장 인기 있는 책 〈해리 포터〉 시리즈에도
보름달이 뜬 밤에 늑대인간이 나타나지 않는가!
하지만 늑대인간보다 더 무서운 것이 있다.
그건 누구나 늑대인간이 될 수 있다는 사실이다.
늑대인간이 되고 싶지 않다면 이것만은 주의하자.

늑대인간이 되고 싶지 않은 사람들에게 주는 경고문

1. 늑대 고기를 먹지 말 것.
2. 늑대 가죽 허리띠를 두르지 말 것.
3. 밤에 목마르다고 아무 물이나 마시지 말 것.
   늑대인간 발자국에 고인 물을 마시게 되면 늑대인간이 됨.
4. 낯선 사람이 포도주에 숨을 한 번, 두 번, 세 번 내쉰 뒤 술을
   권하거든 절대로 마시지 말 것. 그럼 나처럼 되고 말 테니까.

— 늑대가 준 술을 마시고 늑대인간이 된 기자 —

구미호

쯧쯧, 옷 입고 벗는 것도 변신이라고……
불쌍하다, 불쌍해!
나는 휙휙휙 세 번 공중제비로
변신이 다 끝나.
게다가 보름달이 뜨는 날뿐만 아니라
밤마다 변신이 가능하다니까. 오호호!
나는 산속에 집을 지어 놓고
예쁜 여자가 되어 사람을 기다려.
그러면 한밤중에 산속을 헤매던 사람이
들어와서 내가 차려 주는 밥을 먹고
지쳐서 잠이 드는 거야.
그때 간을 홀랑 빼 먹어 버리지.

간 천 개를 먹으면 나는 사람이 될 수 있다고. 으히히히!
그런데 천 번째 간을 먹으려던 찰나, 개가 나타난 거야.
나는 세상에서 개를 가장 무서워하거든. 덜덜덜!
그 녀석이 개만 데리고 오지 않았어도 사람이 되었을 텐데.
으, 분하고 원통하다!

구미호는 악랄한 요괴다!

구미호는 꼬리가 아홉 개
달린 요괴입니다!

고개 넘어가는 사람을 홀려 길을 잃게 만들고
불빛으로 홀려서 집까지 찾아오게 하고
예쁜 여자로 변신해서 안심하게 한 다음
간을 쏙 빼 먹습니다.
어느 집에 들어가서는 딸인 척 행동하며
밤마다 말이며, 소며, 닭이며
심지어 가족들 간까지 쏙쏙 빼 먹었다고 합니다.
오죽하면 사람들이 정신없을 때
"여우한테 홀렸다"라는 말을 하겠습니까?
여우 중에도 가장 악랄한 여우가 바로
꼬리 아홉 개 달린 여우, 구미호입니다!

구미호는 신성한 동물이다!

구미호는 평화로운 시대에 나타나는
복 있는 동물이었다고 합니다!

〈규원사화 단군기〉나 다른 옛날 책을 보면
원래 꼬리 아홉 개 달린 여우는
나라를 풍요롭게 하고 평화를 주었다고 나옵니다.
옛날 우리나라에서는 꼬리 아홉 개 달린 여우가 나타나면
왕이 백성들에게 큰 상도 내리고 잔치도 열었다고 합니다.
그런데 중국에 주나라가 세워지면서
잘못된 소문이 퍼졌습니다.
주나라는 단군의 후손인 은나라 왕과 왕비를
나쁘게 말하고 싶어서 은나라 왕비였던 달기가
나라를 망하게 한 요괴며, 꼬리가 아홉 개 달린 여우라고
거짓 소문을 퍼뜨렸습니다. 그러자 사람들이 그 소문을
믿고 구미호를 오해하기 시작했습니다.
사람과 동물의 간을 빼 먹는
못된 요괴라고 말입니다!

미라

억울하긴, 나야말로 정말 억울해.
이집트의 왕 파라오,
내가 왜 여기 와 있는 거지?
나는 다시 태어날 수 있기를 바라며
피라미드 안에 누워 있었어.
그런데 누가 내 보물을
훔쳐 가려고 하는 거야.
나는 몹시 화가 나서 벌떡 일어났지.
그런 나를 보고
그놈이 심장마비로 죽어 버리는 거야.
난 아무 짓도 안 했어.
정말 억울하다고.

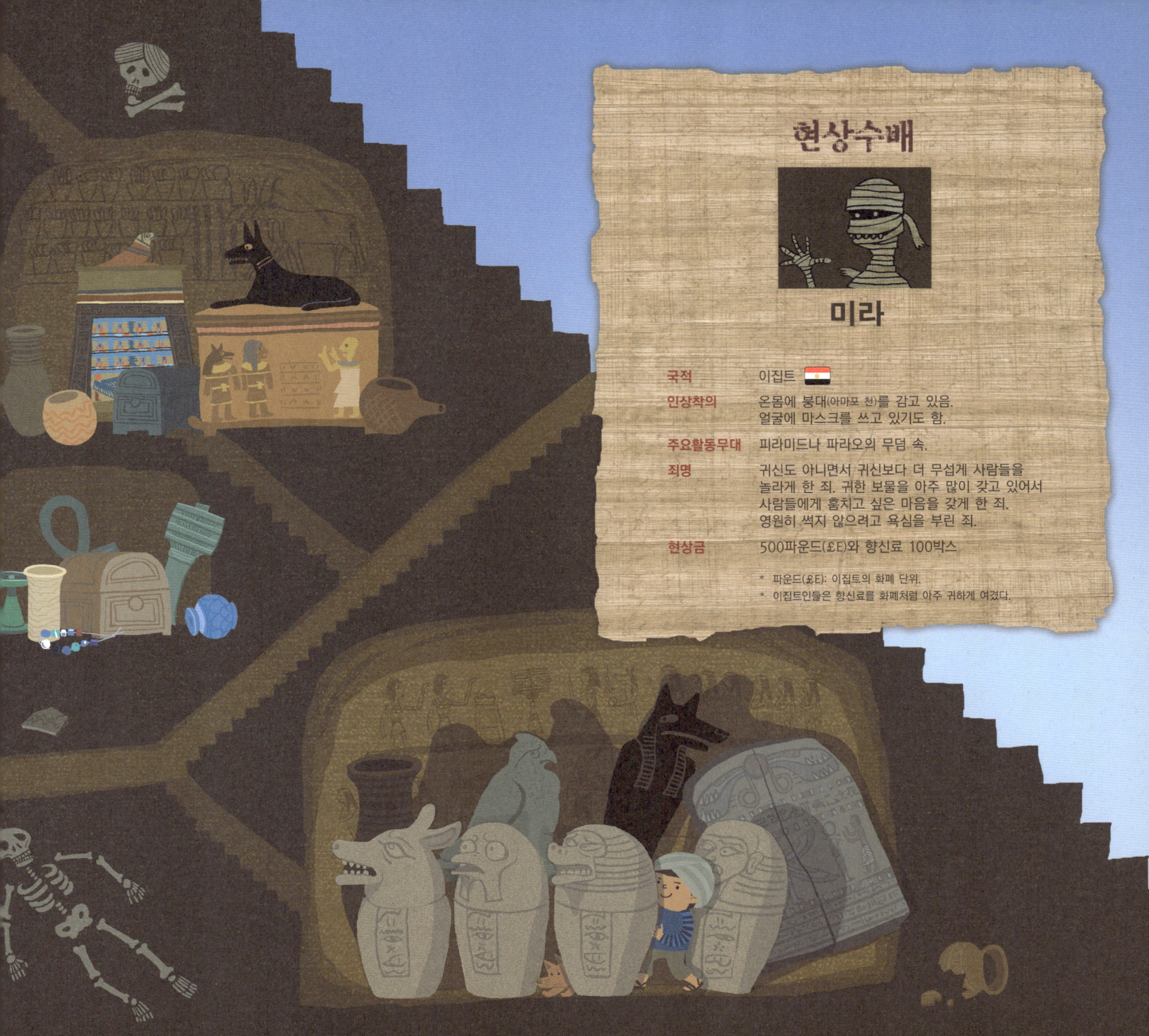

현상수배

미라

국적 이집트 🇪🇬

인상착의 온몸에 붕대(아마포 천)를 감고 있음. 얼굴에 마스크를 쓰고 있기도 함.

주요활동무대 피라미드나 파라오의 무덤 속.

죄명 귀신도 아니면서 귀신보다 더 무섭게 사람들을 놀라게 한 죄. 귀한 보물을 아주 많이 갖고 있어서 사람들에게 훔치고 싶은 마음을 갖게 한 죄. 영원히 썩지 않으려고 욕심을 부린 죄.

현상금 500파운드(£E)와 향신료 100박스

* 파운드(£E): 이집트의 화폐 단위.
* 이집트인들은 향신료를 화폐처럼 아주 귀하게 여겼다.

도굴꾼이 돌려준 카노푸스 단지!

지난달 도굴꾼들이 훔쳐 간 보물 중에서 카노푸스 단지 네 개가 돌아왔습니다. 도굴꾼들은 카노푸스 단지 안에 보물이 들어 있는 줄 알았다고 합니다. 그런데 열어 보니 파라오의 간, 허파, 위, 장이 들어 있어 깜짝 놀랐다고 합니다. 이집트 고고학자들의 말을 들어 보겠습니다.
"이집트인들은 썩지 않도록 처리한 내장 단지와 미라를 같이 묻으면 심판을 받은 뒤 원래 몸과 다시 합쳐져 완전한 육체가 되어 영원한 삶을 살 수 있다고 믿었습니다."

얼음인간, 그는 몇 살인가?

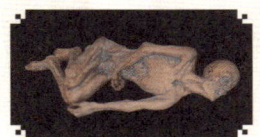

1991년 9월 19일 알프스 산맥 외츠탈 지역에서 세계에서 가장 오래된 미라라고 할 수 있는 얼음인간이 발견되었습니다. 스위스 취리히 대학 프랑크 륄리 박사와 연구팀은 이 얼음인간을 5300여 년 전 석기 시대에 살던 46세가량의 남자라고 밝히고 있는데요. 사망 원인은 화살촉이 어깨뼈를 뚫어 피를 많이 흘렸기 때문이라고 합니다. 학자들은 이 얼음인간의 이름을 발견된 장소를 따서 '외치(Oetzi)'라고 붙였습니다.

한국에도 미라가!

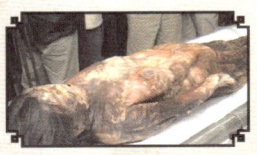

2002년 경기도 파평 윤씨 가문에서 무덤을 옮기던 중 400여 년 된 미라가 발견되었습니다. 이 미라는 여성으로, 아기를 낳던 중 피를 많이 흘려 죽었습니다. 발굴팀에 따르면 이 여성은 1566년 겨울에 아기를 임신한 채 매장되었다고 합니다. 관 속에 산소량이 적었고, 관 바깥에는 회를 둘러서 공기가 들어가지 않아 부패되지 않았다는군요.

끝없는 욕심은……

1924년 레닌, 1976년 마오쩌둥의 시신이 추종자들에 의해 갖가지 약품과 과학적인 방법으로 보존 처리되었습니다. 1994년에 죽은 북한의 김일성도 살아 있을 때처럼 시체를 보존 처리했다고 합니다. 이것은 권력에 대한 인간의 끝없는 욕심의 결과라고 할 수 있습니다. 권력자들의 미라를 통해 죽고 나서도 권력을 버리고 싶지 않은 인간의 욕심을 엿보게 되는 것 같습니다.

좀비

나는 무덤에 누워 있었어.
어느 날 부두교 주술사가
나를 깨우더라고.
그러고는 이상한 주문을 중얼거렸어.
그 주문을 들으니 이상하게
시키는 대로 내 몸이 움직이는 거야.
주술사는 나더러 자기가 미워하는
사람들을 잡아먹으라고 하더군.
그게 나쁜 짓인지 아닌지 모르고
주술사가 시키는 대로 했어.
왜냐하면 나는 생각이라는 걸
못했거든.

* **부두교** : 서아프리카의 종교. 북 치고, 노래하고, 춤추는 것으로 주술적인 힘을 드러낼 수 있다고 믿는다.

현상수배

좀비

국적	아이티공화국 
인상착의	게슴츠레한 눈(공부 시간에 눈을 게슴츠레하게 뜨고 꾸벅꾸벅 조는 친구와는 다르므로 잘 살펴보기 바람), 아주 느리게 움직임. 말을 거의 하지 않음.
주요활동무대	서아프리카와 아이티섬. 요즘은 지역에 상관없이 두루 나타남.
죄명	주술사가 시키는 대로 사람을 괴롭히고 잡아먹은 죄.
현상금	1000구르드(G)

* 구르드(G): 아이티공화국의 화폐 단위.

그날도 주술사가 시키는 대로
말썽꾸러기 녀석을 쫓아가고 있었는데
그 녀석이 헤 벌리고 있는 내 입에
소금을 확 뿌리는 거야. 으악, 너무 짜!
소금이 어찌나 짜던지 옛날 기억이
새록새록 떠오르는 거 있지.
그제야 나는 생각이라는 걸 할 수 있게 되었어.
생각해 보니 나는 이미 죽은 사람이더라고.
죽은 사람이 돌아다니면 안 되잖아.
그래서 다시 관으로 들어가려고 해.
지금 들어가면 다시는 나오지 않을 거야. 안녕!

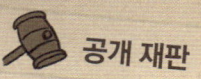 공개 재판

좀비는 죄가 없다!

오늘 변호를 맡게 된 나똑똑 변호사입니다.

좀비는 사람을 때리고, 물건을 훔치고, 남의 집을 때려 부수는 행동을 했으나 보시다시피 그는 아무 생각도 할 수 없습니다.

좀비의 생각을 지배하는 사람은 저기 있는 주술사입니다.

좀비는 그저 죽은 시체일 뿐입니다.

주술사는 잘 파묻혀 있는 시체에 주문을 걸어 좀비로 만든 뒤 자기 노예로 삼았습니다.

일을 시키고, 자기가 미워하는 사람을 골탕 먹이게 했습니다.

그 못된 짓은 서아프리카에서 끝난 것이 아니었습니다.

아이티섬까지 데리고 와서 거기서도 못된 짓을 일삼게 했습니다.

심지어는 영화에까지 등장시켜 온 세상 어린이들과 어른들까지 두려움에 벌벌 떨게 했습니다.

존경하는 재판장님,

좀비는 주술사가 시키는 대로 한 것뿐입니다.

죄가 있다면 온갖 못된 짓을 하게 한 주술사에게 있습니다.

저 못된 주술사에게 벌을 주시고 좀비는 무덤으로 돌려보내어 편안히 잠들게 해 주십시오.

강시

귀신 체면에 옷차림 하고는…….
이 정도는 돼야지.
깔끔한 옷차림에 창백한 얼굴은
나의 매력이지.
피 빨아먹기는 내 고상한 취미라고.
나는 중국에서 아주 유명한 귀신이야.
영화에 출연한 적도 있다니까.

그러던 어느 날,
어떤 꼬마 녀석이 쌕쌕 숨을 쉬더라고.
고 녀석을 잡으려고 콩콩 뛰어가는데,
갑자기 숨소리가 멈춰 버리는 거야.
'에잇, 이게 뭐야! 죽었잖아.'
그 순간, 이마에 부적이 찰싹 붙는 거 있지.
난 곧바로 얼어붙어 버렸어.
꼼짝 못하는 나를 보고 녀석은 낄낄거리더군.
아이고, 분해!

집중 탐구

추억의 스타 강시

추억의 스타 강시를 스크린에서 만나 보겠습니다.
강시는 원래 고향을 떠나 먼 곳에서
억울하게 맞아 죽거나 얼어 죽은 사람들이었습니다.
도사들은 그들을 고향에 묻어 준다며
도술을 부려 살려 냈습니다.

"우리는 얼어 죽고 맞아 죽었으니
몸이 제대로 안 움직인다해.
도사의 종소리에 맞추어
콩콩 뛰어다닐 수밖에 없다해."

강시가 뛰는 모습을 보면 웃음이 나옵니다.
코미디 프로그램에서도 강시 흉내를
낼 만큼 강시가 뛰는 모습은 특이한데요.
사실 이렇게 우스운 모습 속에는
슬픈 사연이 숨어 있다고 합니다.

"도사는 사람과 강시를 구별하려고
우리의 팔을 올리고 뛰게 했다해.
아이고, 팔 아파!
우리는 죽어서도 이 꼴이다해.
마음대로 움직이지도 못한다해."

"우리는 숨소리로
사람을
찾아낸다해."

"팔이 안 내려
간다해!"

귀신 중에 귀신! 살아 있는 사람을 귀신처럼
찾아내는 건 강시만의 특기입니다.
피를 빨아 먹어 사람을 강시로 만드는 능력을 가졌지만
이마에 부적이 붙으면 꼼짝할 수 없지요.
쌀이나 씨앗, 붉은 팥 등 작은 곡식을
강시 앞에 뿌려 두면 추적을 막을 수도 있습니다.

"난 죽은 사람은
건들지 않는다해!"

"난 쌀을 하나하나
세지 않고는
지나갈 수 없다해."

"으으,
난 부적이 제일
무섭다해."

이상 추억의 스타 강시를 만나 보았습니다.
강시는 〈강시선생〉〈강시소자〉〈헬로강시〉〈유환도사〉
등에 출연한 중국 최고의 영화배우였습니다.
전 세계 어린이들이 모두 강시 흉내를 낼 정도였으니까요.
시간이 지나 영화는 우리 기억 속에서 사라졌지만
강시는 멋진 모습으로 영원히 우리 기억 속에
남아 있을 것입니다.

벽장괴물

너보다 내가 더 유명할걸.
미국에서 아주 유명한
만화 영화에도 나왔다고!
나는 벽장문 놀이를 참 좋아해.
아이들이 벽장문을 닫으면
다시 살짝 열어 놓지.
닫으면 열어 놓고,
열면 닫아 놓고… 히히히!
그러다 방 안이 캄캄해지면
벽장문을 열고 스르르 나오지.
아이들에게 다가가 "안녕?" 하면
무섭다고 울고불고 난리야.
정말 재미있어.

그런데 고 녀석은 아니었어.
내가 "안녕" 하고 인사하려는데
갑자기 불을 탁 켜는 거야.
그러더니 오히려 자기가 먼저
"안녕" 하며 씨익 웃는 거 있지?
이건 역할이 완전 바뀐 거잖아.
그뿐만이 아니야.
벽장은 자기만의 보물 창고라나?
고 녀석이 벽장을 차지해 버리고는
날 여기 데려다 놨어. 흑흑흑!

생생 인터뷰

아이들, 벽장괴물을 말하다!

캐빈(뉴욕, 7세)

내가 빨리 잠들지 않으면 우리 엄마는
눈을 부릅뜨고 이렇게 말해요.
"벽장괴물 보고 잡아가라고 한다."
그럼 난 얼른 이불을 뒤집어쓰고 자는 척해요.
벽장문이 덜컹거릴 때면
벽장괴물이 나올까 봐 너무 무섭거든요.
제발 벽장괴물 좀 잡아가 주세요.
네?

앨리스(로스앤젤레스, 8세)

벽장괴물은 빛을 싫어하나 봐요.
그러니까 어두운 벽장 속에 숨어 사는 거라고요.
어쩌면 겁쟁이일지도 몰라요.
내가 벽장문을 열면 안 보이거든요.
엄마 모자나, 아빠 바지 속에
숨어 있을지도 몰라요.
내 장난감 상자 속에 숨어 있을지도 모르고요.
참! 내가 동생 몰래 벽장 속에 숨겨 둔
초콜릿이 없어진 적이 있어요.
벽장괴물이 먹은 게 분명해요.

줄리(시카고, 6세)

만화 영화 〈몬스터 주식회사〉에서처럼
나도 우리 집 벽장 속에서 부스럭거리는 소리를 들었어요.
밤마다 벽장 속에서 괴물이 나올까 봐 무서워요.
하지만 우리 엄마 아빠는 왜 내 말을 안 믿는 거죠?
우리 집 벽장 속에 분명히 벽장 괴물이 있다고요.

알란(애틀랜타, 8세)

벽장에 괴물이 산다고요?
그런 곳에 무슨 괴물이 있어요.
거기에는 내 로봇이랑 총, 장난감만 있어요.
벽장괴물 같은 건 없다고요. 만일 벽장괴물이
있었다면 내 로봇과 무기로 벌써 잡았겠죠.
괜히 어른들이 우리를 겁주려고
만든 이야기라고요.

네, 벽장괴물에 대한 어린이들의 생각을 들어 보았습니다.
여러분은 벽장괴물에 대해서 어떻게 생각하시나요?
이상 어디든 발 빠르게 달려가는 발 빠른 기자였습니다.

갓파

쯧쯧, 몸집만 크다고
무서운 게 절대 아니지.
나를 좀 봐. 귀엽게 생겼지?
하지만 귀엽다고
우습게 보면 큰코다쳐.
나는 일본의 강이나
연못에서 살았어.
물속에서 사람들 다리를
쓰윽 잡아당기면
사람들은 버둥거리면서
살려 달라고 울고불고하지.

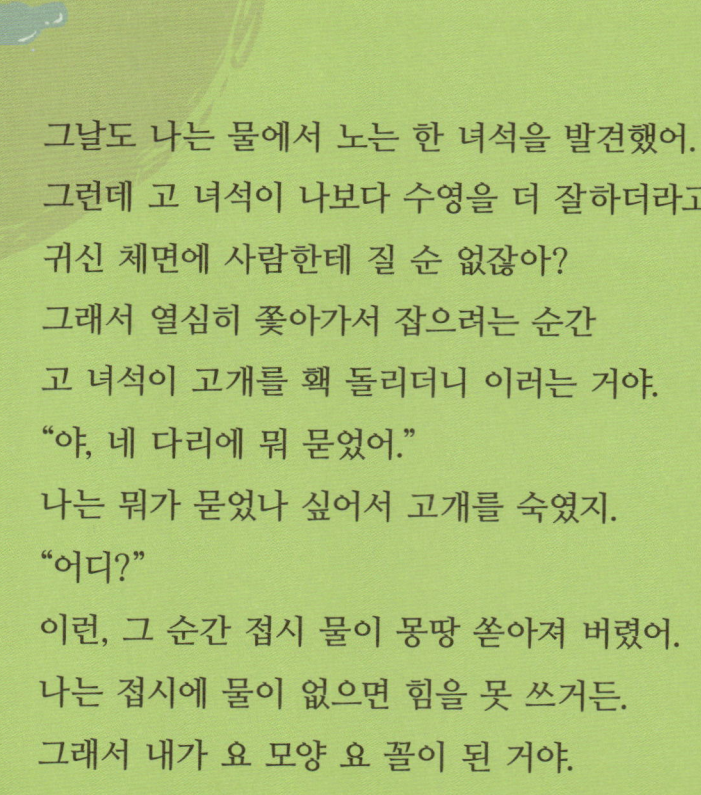

그날도 나는 물에서 노는 한 녀석을 발견했어.
그런데 고 녀석이 나보다 수영을 더 잘하더라고.
귀신 체면에 사람한테 질 순 없잖아?
그래서 열심히 쫓아가서 잡으려는 순간
고 녀석이 고개를 홱 돌리더니 이러는 거야.
"야, 네 다리에 뭐 묻었어."
나는 뭐가 묻었나 싶어서 고개를 숙였지.
"어디?"
이런, 그 순간 접시 물이 몽땅 쏟아져 버렸어.
나는 접시에 물이 없으면 힘을 못 쓰거든.
그래서 내가 요 모양 요 꼴이 된 거야.

 하야코's diary

갓파와 함께한 여름 방학

하야코는 올 여름 방학을 갓파와 함께 아주 즐겁게 보냈다.
여행 일지를 보며 하야코의 갓파 사랑을 느껴 보자.

7월 20일 (오전 9:00)
책 《내 사랑 갓파》를 읽다

그렇게 기대하던 《내 사랑 갓파》를 사서
두 시간 만에 다 읽었다.
장난꾸러기 갓파가 정말 귀여웠다.

7월 23일 (오후 3:00)
'갓파 머리'를 하다

유키와 미용실에 갔다. 갓파와 비슷한 머리 모양인
'오갓파' 스타일로 잘라 달라고 했다. 얼핏 보면 정말 갓파 같다.
유키가 나를 보고 깔깔 웃었다.

7월 21일 (낮 12:00)
갓파스시에 가서 갓파마끼를 먹다!

친구 메구미와 만났다.
도쿄에 있는 유명한 회전초밥 전문점
'갓파스시'로 갔다.
갓파스시의 마스코트는 바로 갓파다.
갓파가 제일 좋아하는 오이를 넣은 김밥
'갓파마끼'를 먹었다.
정말 맛있었다. 아, 또 먹고 싶다.

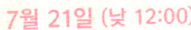

7월 23일 (오후 8:00)
예의 바른 갓파처럼 인사를 하다!

유키와 헤어질 때 갓파처럼 고개를 숙여 인사했다.
다른 사람이 고개를 숙여 인사하면 자기도 똑같이
따라서 인사하는 예의 바른 갓파처럼 말이다.
갓파와 똑같은 머리 모양을 하고 갓파처럼 인사도 했더니
우리가 정말 갓파가 된 것 같았다.
메구미와 나는 실컷 웃었다. 정말 행복한 하루였다.

7월 22일 (오후 1:30)
갓파가 나오는 애니메이션을 보다

친구 메구미와 함께 〈갓파 쿠와 여름 방학을〉이란
애니메이션을 봤다. '갓파 쿠'와 '고이치'라는
소년과의 아주 특별한 우정을 그린 영화였는데,
정말 감동적이었다. 역시 31회 일본 아카데미
우수 작품상을 수상할 만하다!

7월 26일 (오후 5:00)
조잔케이 온천에 가서 갓파 대왕을 만나다!

가족들과 삿포로 근처에 있는 조잔케이 온천 지구에 갔다.
갓파 연못도 있고, 갓파 대왕, 갓파 가족 등 독특한 갓파 모형이 많았다.
갓파가 물에서는 아주 힘이 세니까, 온천에 갓파 모형을 갖다 놓은 거란다.
자기 모형이 있는 걸 보면 갓파도 기분이 좋아져서
온천에서 목욕하는 사람들을 괴롭히지 않겠지? ^^

물귀신

겨우 접시 물 때문이라니,
내 참 우스워서!
물귀신이라면 우리를 따를 귀신이 없지.
우리는 시시때때로 머리를
길게 풀고 물속에 숨어 있다가 사람이
나타나면 쓰윽 다리를 잡아당기지.
아무리 헤엄을 잘 치는 사람도
우리한테 걸리면 꼼짝 못해.
우리 꼬임에 넘어가 물귀신이 되면
그놈도 우리와 똑같은 짓을 하게 되지.
줄줄이 줄줄이 물귀신이 되는 거야.
그게 바로 그 유명한 '물귀신 작전'이야.
꼬르르륵!

현상수배

물귀신

- **국적**: 한국 🇰🇷
- **인상착의**: 머리를 길게 풀어 헤치고 흰 소복을 입고 다님. 모습을 드러내지 않고 유령처럼 행동하기도 함.
- **주요활동무대**: 바다, 강, 연못, 수영 금지 구역.
- **죄명**: 사람들을 물속으로 끌어당겨 죽인 죄. 어부들의 항해와 고기잡이를 방해한 죄.
- **현상금**: 물귀신 한 놈은 1000냥 모두 다 잡으면 10만 냥

그게 말이야, 지난번 마을에서 고사를 지냈지 뭐야.
고사상의 돼지고기가 어찌나 맛있던지 실컷 먹고 잠들었는데
일어나 보니 여기에 있더라고.

물귀신 씻나락 까먹는 퀴즈

동양 최고의 물귀신 박사!

동 양인은 물속에 사람을 해치는 물귀신과 사람을 보호하는 수신이 있다고 믿었다. (O. X)

양 력이 아닌 음력 2월과 8월에 강원도 양양에서는 동해신에게, 황해도 풍천에서는 서해신에게, 전라남도 나주에서는 남해신에게, 함경북도 경성에서는 북해신에게 제사를 지낸 풍습이 있다. (O. X)

최 선을 다해 고사를 지내면 물귀신도 감동하여 해로운 짓을 덜 한다고 믿었다. (O. X)

고 기잡이하던 어부가 고기를 많이 잡을 때는 물귀신이 도운 것이다. (O. X)

의 심 없이 수영 금지 구역에서 수영을 하면 물귀신 꼬임에 빠져들 수 있다. (O. X)

물 과 관련된 속담 중에 '백중에 바다 미역하면 물귀신 된다' 라는 말은 음력 7월 보름날 바다에 들어가 해수욕을 하면 좋다는 뜻이다. (O. X)

귀 신이 물속에도 있다고 믿은 것은 동양 사람들뿐이었다. (O. X)

신 을 믿는 옛사람은 바다의 해신·용왕신, 하천의 하천신, 나루터의 독신, 못의 지소신이 있어 물을 다스리며 사람들을 돕기도 한다고 생각했다. (O. X)

박 자를 맞춰 춤을 추고 노래를 크게 불러야 물귀신을 쫓을 수 있다. (O. X)

사 람이 궁지에 빠졌을 때 다른 사람까지 끌어들이는 사람을 물귀신이라 부르기도 한다. (O. X)

모두 다 맞혔나요? 그렇다면 당신은 동양 최고의 물귀신 박사!

5개 이상 맞혔나요? 그렇다면 당신은 물귀신에 관심이 많군요.

3개도 못 맞혔다고요? 물귀신에 대해 잘 모르는군요. 그럼 공부하세요.

텐구

모두 조용히 해!
별로 무섭지도 않은 것들이 시끄럽게 떠들기나 하고.
난 일본에서 가장 무섭기로 소문난 산도깨비 텐구다.
내가 사람들을 괴롭힌 이야기를 들으면
모두 깜짝 놀랄걸.
도 닦는 스님을 나무에 꽁꽁 묶거나,
캄캄한 밤, 사람들 집에 돌을 던지고,
절에 불을 지르고, 아이들도 아프게 했지.
하하하! 어때?
이 정도면 내가 얼마나
무서운지 알겠지?

그런데 말이야.
사실은 내가 좀 음식에 약하거든.
그날도 누구를 골탕 먹일까 생각하고 있는데
어디서 달콤한 냄새가 나더라고.
휘휘 둘러보니, 우아!
내가 좋아하는 당고가 보이는 거야.
나는 앞뒤 따지지 않고 날름 집어 먹었지.
아, 그 달콤한 맛이란!
그런데 다 먹고 보니 내가 여기 와 있더라고.

* 당고: 일본의 경단.

텐구 마츠리 속으로 go! go!

일본의 별난 체험 별난 축제를 소개할게요.
도쿄의 시모키타자와에서는 '텐구 마츠리'가 열린답니다.
마츠리는 축제라는 뜻인데요,
이날 사람들은 텐구 가면을 쓰고 전통 의상을 입고 가장행렬을 해요.
커다란 텐구 가면을 들고 다니는 사람도 있고,
텐구로 분장한 사람을 졸졸 따라다니는 사람도 있지요.

일본 사람들은 콧대 높고 잘난 체하는 사람을 텐구 같다고 말해요.
콧대 높고 자신만만한 게 마치 텐구와 비슷해서이겠지요.
그래서인지 텐구 가면을 쓰면 왠지 우쭐해지는 기분이 든답니다.

참! 이날 재미있는 체험도 할 수 있어요.
바로 '마메마키'라는 콩 뿌리기 행사인데요,
텐구 가면을 쓰고 되에 들어 있는 콩을 뿌리기도 하고,
뿌려지는 콩을 받아먹기도 하지요.
이 콩이 바로 복 콩이거든요.
그래서 너도 나도 받아먹으려고 난리랍니다.
'마메마키'가 끝난 뒤에는 자기 나이만큼 콩을 먹으면서 그해의 건강을 빌면
병에 걸리지 않고 건강하게 지낼 수 있다고 해요.
여러분도 '마메마키' 체험을 꼭 해 보세요.
콩을 뿌려 보기도 하고, 먹어 보기도 하면 아주 즐거울 거예요.

겉모습은 무시무시해 보이지만 축제 속에서 사람들과 같이 어울리는 텐구는
일본 사람들에게 꼭 다정한 친구 같답니다.
일본 사람들은 텐구가 사람을 괴롭히기도 하지만
잘 섬기면 도움을 주기도 한다고 믿고 있지요.
여러분도 텐구 마츠리에 참가해 텐구와 친구가 되어 보세요.

바바야가

쯧쯧, 그것도 무서운 얼굴이라고!
러시아 사람들은 '바바야가'라는
내 이름만 들어도 벌벌 떨지.
내가 봐도 엄청 소름 끼치게
생긴 데다가 뾰족하고 날카로운
철이빨을 가졌거든.
취미는 귀엽고 토실토실한
아이들을 잡아먹는 거야. 킬킬킬!
러시아 사람들은 아이가 울면
이렇게 겁을 줘.
"저기 바바야가가 온다!"라고 말이야.
아이들은 그 말을 들으면 거짓말처럼
울음을 뚝 그치지.

그런 내가 어째서 여기 온 거냐고?
흑흑, 아이고 억울해!
그건 다 오두막의 새발 때문이야.
겅중겅중 뛰어다니던 내 오두막 새발이
지붕에 걸쳐 놓은 그물에 걸려 버렸지 뭐야.
이럴 줄 알았으면 발톱을 좀 깎아 두는 건데…….

제 53호

마녀신문

☁ 19°C~29°C 구름 많음

www.inbumo.com

2011년 7월 25일

트로피는 바바야가의 품에!

올해 열린 '전 세계 마녀 대회'에서 러시아의 '바바야가'가 단연 으뜸이었다. 살가죽 밖으로 툭툭 불거진 뼈들이 좋은 점수를 받아 <말라깽이상>을, 아이들을 잡아먹는 데 인정사정 보지 않는 싸늘한 마음이 좋은 점수를 받아 <피도 눈물도 없는 상>을 받았다. 또한 무시무시한 얼굴에 잘 어울리는 철이빨로 <잔혹한 외모상>도 차지했다. 그 밖에도 타고 다니는 절구와 새발 달린 오두막집으로 <창의적인 붕붕카상>을 받았고, <마녀들이 부러워하는 끔찍한 인테리어상>에서도 1등을 놓치지 않았다.

혼자 이동할 때는 절구를 타고 다니는데, 긴 절굿공이로 하늘을 휘저으며 날아다닌다. 다른 손으로는 빗자루질을 하며 자취를 없애, 자신이 어디로 가는지를 감쪽같이 숨긴다.

바바야가가 사는 오두막. 새발이 달려 있어 집이 겅중겅중 뛰어다닌다. 오두막 주위의 울타리는 사람 뼈로 만들었고, 말뚝에는 해골 머리를 꽂아 놓아 남다른 미적 감각을 뽐내고 있다.

모든 상을 휩쓴 바바야가는 종합 1등으로 사람 갈비뼈 트로피를 받았는데, 수상 소감을 묻는 기자들에게 이렇게 말했다.

"나는 어린아이를 잡아먹는 사나운 마녀로만 알려져 있지만 때로는 사람의 고민거리를 해결해 주거나, 영웅을 돕는 기특한 일도 한다오."

이 말 덕분에 바바야가는 <믿거나 말거나상>도 덤으로 받았다.

— 발빨라 기자 —

야광귀

나는 야광귀야.
숫자 세기 좋아하는
개구쟁이 귀신이지.
새해 첫날에 받은 새 신발을
잃어버려서 속상하다고?
그거 내가 몰래 훔쳐 간 거야.
내가 신발을 가져가면
신발을 잃어버린 아이에게는
계속 나쁜 일만 생겨.
감기가 들어서 기침하고,
돌부리에 걸려 넘어지고,
밤마다 오줌을 싸서
엄마한테 혼나지.

그날 밤도 내가 새 신발을 가지러 들어갔지.
그런데 문 앞에 구멍이 숭숭 뚫린 체가 걸려 있는 거야.
너희도 알다시피 내가 숫자 세는 거 무지 좋아하잖아.
그 많은 구멍을 세고 또 세다가 해 뜨는지도 몰랐지 뭐야.
해가 뜨자마자 나는 쓰러져 버렸어.
눈을 떠 보니 여기에 와 있더라고.

신발 한 켤레만 주세요!

사랑하는 산골 주민 여러분!
내일이면 새해 첫날이에요.
마을 아이들은 따뜻한 새 옷과 새 신발을 받는데
우리 야광귀들은 신발도 없이 한겨울에 꽁꽁 언 발을 동동 구르고 있어요.
눈 쌓인 추운 겨울밤에 신발도 안 신고 돌아다녀 보셨어요?
발이 얼마나 시려운지 온몸이 얼어붙는 것 같답니다.
그래서 저희가 언 몸을 잠시 녹이려고 집 안으로 들어가는 거예요.
그런데 댓돌에 신발이 있다면,
그것도 발에 꼭 맞는 거라면 어떻게 그냥 지나칠 수 있겠어요?

너그러운 산골 주민 여러분!
올해도 저희가 집집마다 찾아갈 거예요.
제발 이번에는 대문 앞에 체를 걸어 두지 마세요.
체의 구멍을 세느라고 추운 겨울밤 내내 밖에서 떨고 있는
저희가 불쌍하지 않으세요?
마지막으로 간곡하게 부탁드립니다.
아이들은 해마다 새 신발을 받으니까
저희가 신발 한 켤레씩만 가져갈게요.
발에 안 맞는 신발은 절대로 안 가져가요. 약속해요!

— 추운 겨울에 꽁꽁 언 맨발로 돌아다니는 야광귀 일동 —

후원 단체 : 야광귀에게 새 신을 ☎ ARS 080-000-0000

잣하크

맨발로 다니는 너도 불쌍하지만
악마의 꾀임에 빠진 나는 더 불쌍해!
나는 페르시아의 왕이었어.
악마의 저주로 내 양 어깨에
뱀이 생겨났지.
이 뱀들은 어찌나 잔인하고 사나운지
날마다 사람을 잡아먹어야
성미가 누그러지는 거야.
내 뱀들이 혀를 날름대며
먹어 치운 사람은 셀 수도 없다니까.
흑흑흑! 나도 내 뱀들이 무서워!

그날도 뱀에게 바치려고 한 꼬마 녀석을 잡아 왔어.
그런데 녀석이 갑자기 피리를 불더니
어디론가 걸어가지 않겠어?
뱀들은 홀린 듯 춤을 추며 녀석을 따라갔지.
내가 아무리 몸부림쳐도 뱀들을 당해 내지는 못하겠더군.
결국 내 발로 여기 들어오게 된 거야. 흑흑흑!

악마의 경고 유혹에 빠진 잣하크의 최후

나, 악마 아리만은 사람을 유혹하는 쉬운 방법을 안다.
그것은 바로 욕심에 불을 활활 지피는 것이다.
나는 잣하크 왕자에게 왕이 되게 해 주겠다고 꼬드겼다.
그는 내 말에 솔깃해했다. 어느 날 나는 구덩이를 판 뒤,
잣하크에게 아버지인 마르다스 왕을 그리로 데려오게 했다.
아버지가 구덩이에 빠졌는데도 잣하크는 구해 주지 않았다.
그의 욕심 때문에 마르다스 왕은 죽고 말았다.

얼마 뒤, 나는 요리사로 변신해서 왕이 된 잣하크를 찾아갔다.
맛있는 요리를 들고 말이다.
배불리 먹고 난 잣하크는 한껏 기분이 좋아져 내게 소원을 말하라고 했다.
내가 그의 양쪽 어깨에 입을 맞추고 싶다고 하자, 잣하크는 그러라고 했다.
크크크. 내 작전에 말려든 것이다.
내 입술이 닿자 잣하크의 어깨에 뱀들이 자라났다. 어여쁜 나의 분신들!
잣하크는 겁을 내며 뱀들을 마구 잘라 냈다.
하지만 뱀들은 다시 자꾸만 자라났다.

나 아리만은 또다시 잣하크를 찾아갔다. 이번에는 의사의 모습으로.
나 아리만은 또다시 잣하크를 찾아 뱀을 없애 달라고 부탁했다.
잣하크는 괴로워하며 뱀을 없애 달라고 했습니다.
"왕이여, 그 뱀들은 잘라도 죽지 않습니다.
날마다 사람의 뇌를 먹이면 언젠가 뱀들이 죽을 것입니다."
으흐흐! 내가 진짜 바란 것은 이 땅의 모든 인간이 죽어 없어지는 것이다.
잣하크는 그 사실을 꿈에도 모른 채 날마다 어깨의 뱀에게
사람의 뇌를 먹였다. 으하하하!
결국 그는 사람들을 죽이는 잔인한 왕이 되고 말았다.
게다가 그의 욕심은 점점 더 커져서 '잠시드 왕'을
죽이고 이웃나라 이란까지 차지했다.

욕심 많은 사람을 유혹하는 건 정말 쉽다.
다음번에는 욕심 많은 어린이에게 찾아가야지.
으흐흐. 기다리고 있거라.

— 자신만만 아리만 —

바실리스크

나 바실리스크!
세상 누구도 무시 못하는
뱀들의 왕이라고!
난 단번에 이곳을 사막으로
만들어 버릴 수 있어.
내 몸에 닿기만 해도,
나와 눈이 마주치기만 해도,
내 숨소리만 들어도
너희는 모두 죽어
가루가 될걸!

현상수배

바실리스크

- **국적**: 오스트리아
- **인상착의**: 닭대가리를 가진 뱀, 혹은 뱀 꼬리를 가진 닭임. 애완용 도마뱀과 이름만 같으니까 주의 바람.
- **주요활동무대**: 장소를 가리지 않음. 바실리스크가 휩쓸고 가면 모두 사막이 됨.
- **죄명**: 사람과 동물, 식물을 마구 죽이고 자연을 파괴하여 사막으로 만든 죄.
- **현상금**: 1000만 유로(€)

그런데 저 흉측한 놈은 도대체 누구야?
"꼬끼오!"
"꼬끼오!"
"꼬끼오! 꼬꼬."
이건 또 무슨 소리야.
으악! 수탉 소리는 정말 싫어!
저 소리를 들으면 기운이 쏙 빠져.
여기가 어디야?
누구 없어? 으윽!
누가 저 닭 주둥이 좀 막아 줘!
제발…….

관찰 기록
바실리스크 추적 5년 (1820일)

〈1199년 밤, 닭장 근처〉
시리우스별이 빛날 때
암탉도 아니고, 수탉이 알을 낳았다.
유난히 동그란 모양의 알을 두꺼비가 와서 품었다.

〈1201년, 사막으로 변한 마을〉
두꺼비가 3년 동안 품은 알이 오늘 깨어났는데, 바실리스크였다. 바실리스크는 깨어나자마자 불같은 숨을 내뿜더니 순식간에 주변을 사막으로 만들었다. 녀석의 힘은 정말 대단했다.

〈1202년, 나를 살린 귀마개〉
바실리스크의 횡포가 심해지자 칼과 방패, 철갑옷으로 무장한 장수가 무찌르겠다고 나섰다. 장수는 달려들었지만 바실리스크가 독을 뿜는 바람에 넘어졌다. 쓰러진 장수는 바실리스크의 울음소리를 듣더니 곧바로 죽었다.
다행히 나는 귀마개를 하고 있었다.

〈1203년, 거울과 족제비〉
바실리스크가 거울에 비친 자기 눈빛을 보고 죽었다.
또 다른 바실리스크는 닭장 주변에서 족제비한테 물려 죽었다.

〈1204년, 바실리스크 껍질〉
죽은 바실리스크 껍질은 거미를 쫓는 데 효과적이다. 태우고 남은 재는 금속에 넣어 황금빛을 내는 데 좋다. 바실리스크 껍질로 만든 가짜 황금이 있으니 조심!

〈1205년, 거울과 수탉〉
준비는 거의 다 됐다.
거울과 수탉 소리만 있다면
나도 바실리스크를 확실히 잡을 수 있다.

작가의 말

귀신을 통해 세계 문화를 만나요!

세계 여러 나라의 귀신과 괴물 들은 저마다 그 나라의 독특한 문화와 역사 속에서 생겨났어요. 오늘날 우리는 서로 다른 문화를 받아들이고 인정하는 새로운 시대를 살고 있어요. 이러한 흐름에 발맞추어 각 나라의 귀신과 괴물 들을 소재로 한 이 책은 귀신의 특징과 모습, 사는 곳과 탄생 배경, 귀신을 물리치는 방법 등 다양한 이야깃거리를 그림책 속에 흥미진진하게 풀어 놓았어요. 큰 흐름이 있는 이야기 속에 각 귀신들에 대한 정보를 함께 실었는데, 아이들이 지루해하지 않고 재미있게 읽을 수 있도록 다채로운 형식으로 담아냈답니다. 이를테면 엽서, 잡지, 뉴스, 인터뷰, 퀴즈, 포스터, 신문 기사 같은 것이지요.

세계 여러 나라의 귀신과 괴물 들을 잡으러 다니는 주인공 아이를 따라가다 보면 각 나라의 문화적 특성과 역사, 국민성 등을 이해할 수 있답니다.

이 책의 또 하나의 즐거움은 '통쾌함'이라는 대리 만족이 아닐까 싶어요. 어린이들은 이 책을 읽으면서 자신들과 같은 어린이가 귀신을 물리치는 결말을 통해 공포라는 정서를 이겨 내고, 통쾌함을 느끼게 될 거예요. 어린이들은 귀신에 대해 두려움을 갖는 동시에 호기심도 갖고 있어요. 그것은 귀신이 단순히 무서운 대상이 아닌 어린이들의 상상 놀이의 대상이 되기 때문이에요. 이러한 심리를 학문적으로 살펴보면, 아이들은 귀신 이야기를 많이 접하면서 두려운 대상에 대해 둔감해지는 과정을 거치는 것으로 보여요. 막연한 공포와 두려움을 주는 대상의 실체를 확실히 알게 되면 그 존재는 더 이상 두렵지 않게 되지요.

이 책의 곳곳에는 '유머'가 숨어 있어요. 두렵고 낯선 세계를 체험하는 어린 독자들에게 이러한 익살과 재치는 즐거움과 여유를 주는 선물 같은 것이 아닐까 싶습니다. 긴장의 끈을 놓지 않고 끝까지 읽어 나가다 보면, 어린이들은 자신들을 공포에 떨게 만든 귀신도 결국은 실수를 저지르기도 하고 약점이 있다는 사실에 안도감을 느낄 거예요. 그리고 그러한 여정을 통해 어린 독자들의 마음도 지혜와 용기로 더 단단해져 있으리라 생각됩니다.